누리 과정에서 쏙쏙

자연탐구 탐구과정 즐기기 – 주변 세계와 자연에 대해 지속적으로 호기심을 가진다.
자연과 더불어 살기 – 생명과 자연환경을 소중히 여긴다.

초등 과정에서 쏙쏙

통합 여름1 1. 여름이 왔어요 – 여름 날씨와 생활
과학 3 – 1 1. 우리 생활과 물질 – 3. 물질의 상태

감수 및 추천 이명근 박사(미국 존스홉킨스 대학교 교수 역임, 현재 연세대학교 보건대학원 교수)

세계 곳곳의 재난지에 뛰어들어 어린이들은 물론 도움이 필요한 사람들을 구조하며 봉사의 삶을 사는 분입니다. 알아야 더 잘할 수 있다는 믿음으로 연세대학교 보건대학원에 '국제 재난 대응 전문가 과정'을 개설하여 많은 재난 구조 전문가를 양성하고 있습니다. 국제 NGO인 '머시코'(Mercy Corp.)와 UNDP(유엔경제개발계획)에서 활동하기도 했습니다. 지금은 재난 구호의 필요성을 알리고, 아시아와 아프리카의 개발을 위해 '코이카'(KOICA, 한국국제협력단)와 국제 개발 기관인 '글로벌 투게더' 등과 함께 봉사에 앞장서고 있습니다.

글 게일 맥크리드

대학에서 비즈니스와 영문학을 공부했으며, 현재 작가이자 주일 학교 목사로 활동하고 있습니다. 한때 사업가이기도 했던 그녀는 교통사고로 걸을 수 없게 되었지만 자선 활동과 작가로 활동하며 제2의 삶을 살고 있습니다. 게일은 어린이들에게 감동을 주는 멋진 동화를 쓰고 싶어 합니다. 작품으로는 〈마법에 걸린 쥐〉, 〈신데렐라〉, 〈작은 세라 이야기〉, 〈어린 귀족 세드릭〉, 〈하이디〉 등이 있습니다.

그림 펠리치타스 호르스트셰퍼

독일 출신으로 뮌스터 대학교에서 일러스트레이션과 그래픽 디자인을 공부했습니다. 현재 프리랜서 일러스트레이터로 광고, 잡지, 어린이 책 등 다양한 분야에서 작업하고 있습니다.

알사과 과학 동화

생활과 물질 | 물질의 상태

35. 물은 변신쟁이야

글 게일 맥크리드 | **그림** 펠리치타스 호르스트셰퍼
펴낸곳 스마일 북스 | **펴낸이** 이행순 | **제작 상무** 장종남
대표 조주연 | **주소** 서울특별시 종로구 사직로8길 20, 103호
출판등록 제2013－000070호 **홈페이지** www.smilebooks.co.kr
전화번호 1588－3201 **팩스** (02)747－3108
기획 · 편집 조주연 김민정 김인숙 | **디자인** 김수정 정수하
사진 제공 및 대여 셔터스톡 연합뉴스 프리픽

물은 변신쟁이야

글 게일 맥크리드 | **그림** 펠리치타스 호르스트셰퍼

주룩주룩 비가 와요.

샐리는 뾰로통한 얼굴로 창밖을 바라보았지요.

"아이, 심심해. 냇가에 나가 놀고 싶은데."

"비가 그치면 냇가에 가자. 재밌는 걸 보여 줄게."

오빠 버니가 책을 뒤적거리며 말했어요.

오후가 되자, 비가 뚝 그쳤어요.
버니와 샐리는 장난감 그릇들을
들고 냇가로 갔어요.

버니가 세모난 그릇에 **물**을 담았어요.

"자, 봐. 세모난 물이야."

그러자 샐리는 별 모양 그릇에 물을 담았어요.

"와, 별 모양 물이야!"

모양이 다른 그릇에 물을 담을 때마다

물도 모습을 바꾸었어요.

물은 주르륵 흘러요

물이나 주스처럼 일정한 모양이 없이 주르륵 흐르는 물질을 '액체'라고 해요. 액체는 담겨진 그릇의 모양에 따라 모습을 바꿀 수 있어요.

그런데 갑자기 버니가
집으로 달려가는 거예요.
"오빠, 어디 가?"
"진짜 신기한 걸 보여 줄게.
난 손으로 물을 잡을 수 있거든."
"에이, 거짓말!"
"진짜야. 여기서 기다리고 있어!"

잠시 후, 버니가 양손에
무언가를 꼭 쥐고 나타났어요.
"정말 손으로 물을 잡았어?"
샐리가 잔뜩 기대하는 얼굴로 물었어요.

"짜~잔!"

버니는 양손을 활짝 펼쳐 보였어요.

"에이, 이건 **얼음**이잖아.
손으로 물을 잡는다더니…….
오빠는 엉터리!"

얼음은 모양을 갖고 있어요

물이 얼면 얼음이 되어요. 얼음처럼 일정한 모양과 *부피를 지닌 물질을 '고체'라고 해요. 얼음은 물이라는 액체가 고체로 변한 거예요.

부피 넓이와 높이를 가진 물건이 공간에서 차지하는 크기예요.

나만의 얼음과자 만들기!

난 우유로 만들 거야!
틀의 모양에 따라 얼음과자 모습이 달라져.
1. 우유를 준비해요.
2. 다양한 모양의 틀에 우유를 넣어요.
3. 냉동실에 넣고 얼리면, 맛있는 얼음과자 완성!
녹기 전에 빨리 먹어야 해.

그렇다고 기죽을 버니가 아니었지요.
"사실, 물은 변신을 해!"
버니는 대단한 비밀을 이야기하듯 속닥였어요.
"물이 마법이라도 부린단 말이야?"
"물은 얼음이 되기도 하고,
눈에 보이지 않게 사라질 수도 있어."
버니는 싱긋 웃으며 말했어요.

물은 강물이나 바닷물도 되고,
빗방울이 되기도 해.

얼음이 되었다가 녹기도 하고,

눈송이가 되기도 해.

마실 물이 되기도 하고,

구름이 되기도 하지.

"잘 봐. 이렇게 컵에 선을 긋고……."

버니는 선의 높이만큼 물을 담았어요.

"조금만 기다리면 금방 물이 사라질 거야."

하지만 시간이 흐르고 또 흘러도
컵 안에 든 물은 사라지지 않았어요.

"엉터리!"

기다리다 지친 샐리는 집으로 휙 가 버렸어요.

"이상하다. 책에서는 분명히 사라진다고 했는데?"

버니는 컵을 길에 놓아두고, 집으로 돌아갔어요.

집에 들어온 버니와 샐리는
과자를 먹으며 시간을 보냈어요.
그때 아빠가 욕실 문을 열고 나오셨어요.
"오빠, 화장실에서 모락모락 연기가 나와."
"샐리, 저건 연기가 아니야.
*김이라고 해."

김 수증기가 찬 기운을 받아서 엉긴 아주 작은 물방울의 집합체를 가리켜요.

그리고 오랜 시간이 흘렀어요.

"맞다! 오빠, 컵 안에 든 물이 정말 사라졌을까?"

그제야 버니도 생각이 났는지 무릎을 탁 쳤어요.

"어서 나가 보자!"

"보나마나 고양이가 핥아 먹었을 거야."

우아! 물이 사라졌어!

"하하, 물을 고양이가 핥아 먹은 게 아니야.
햇빛을 받아서 물이 하늘로 올라간 거야."
버니가 빈 컵을 흔들며 말했어요.

버니와 샐리의 실험실

수증기를 내뿜는 냄비의 비밀

부글부글 물이 끓어오르면
냄비는 하얀 연기를 내뿜어요.
이것의 정체는 무엇일까요?

뜨거우니깐 절대 손으로 만지면 안 돼!

1. 물을 끓일 때 잘 지켜보세요.

2. 몇 분이 지나자, 물이 부글부글 끓어요.

냄비에서 하얀 연기가 나!
이건 연기가 아니라 수증기가 김이 돼서 하얗게 보이는 거야.

3. 물이 식자, 뚜껑에 맺힌 수증기가 다시 물이 되었어요.

그런데 뚜껑에 물이 왜 생겼지?
뚜껑에 맺힌 수증기는 식으면 다시 물이 되거든.

"물이 하늘로 올라갔다고? 어떻게?"
버니는 차근차근 설명해 주었어요.
"햇빛을 받으면 **물**이 따뜻해져.
물은 따뜻하면 ***수증기**가 되어 하늘로 퍼져 나가.
또 추우면 서로 달라붙어 **얼음**이 되는 거야."
"이야! 물이 정말 변신을 하는구나."
샐리가 방긋 웃자, 버니도 기분이 좋아졌어요.

수증기 기체 상태로 변한 물을 가리켜요.

물이 변해서 안 보여요

햇빛을 받으면 물은 공기 속으로 날아가요. 옷을 빨아 널면, 햇빛에 의해 빨래에 있는 물이 퍼져 나가 마르는 거예요. 이렇게 액체인 물이 공기 속으로 퍼져 나갈 때 눈에 보이지 않는 상태로 변한 것을 '기체'라고 해요.

샐리와 버니는 기분 좋게 집으로 향했어요.
그런데 샐리가 갑자기 걸음을 멈추었어요.
"어? 오빠, 분명히 여기에 물이 있었는데, 어디로 갔지?"
샐리는 길 한가운데 움푹 파인 곳을 가리켰어요.
"웅덩이에 있던 물도 ***증발**한 거라고!
어때, 물은 정말 변신쟁이지?"

증발 액체가 기체로 변해 날아가는 거예요.

알사과 과학 탐정의 **비밀 수첩!**

물은 변신해요

우리 주변의 물질은 대부분 세 가지 상태 중 하나예요. 나무나 얼음 같은 고체이거나, 물이나 기름 같은 액체이거나, 공기와 같은 기체이지요. 그런데 물은 **고체, 액체, 기체**로 자유자재로 변신한답니다.

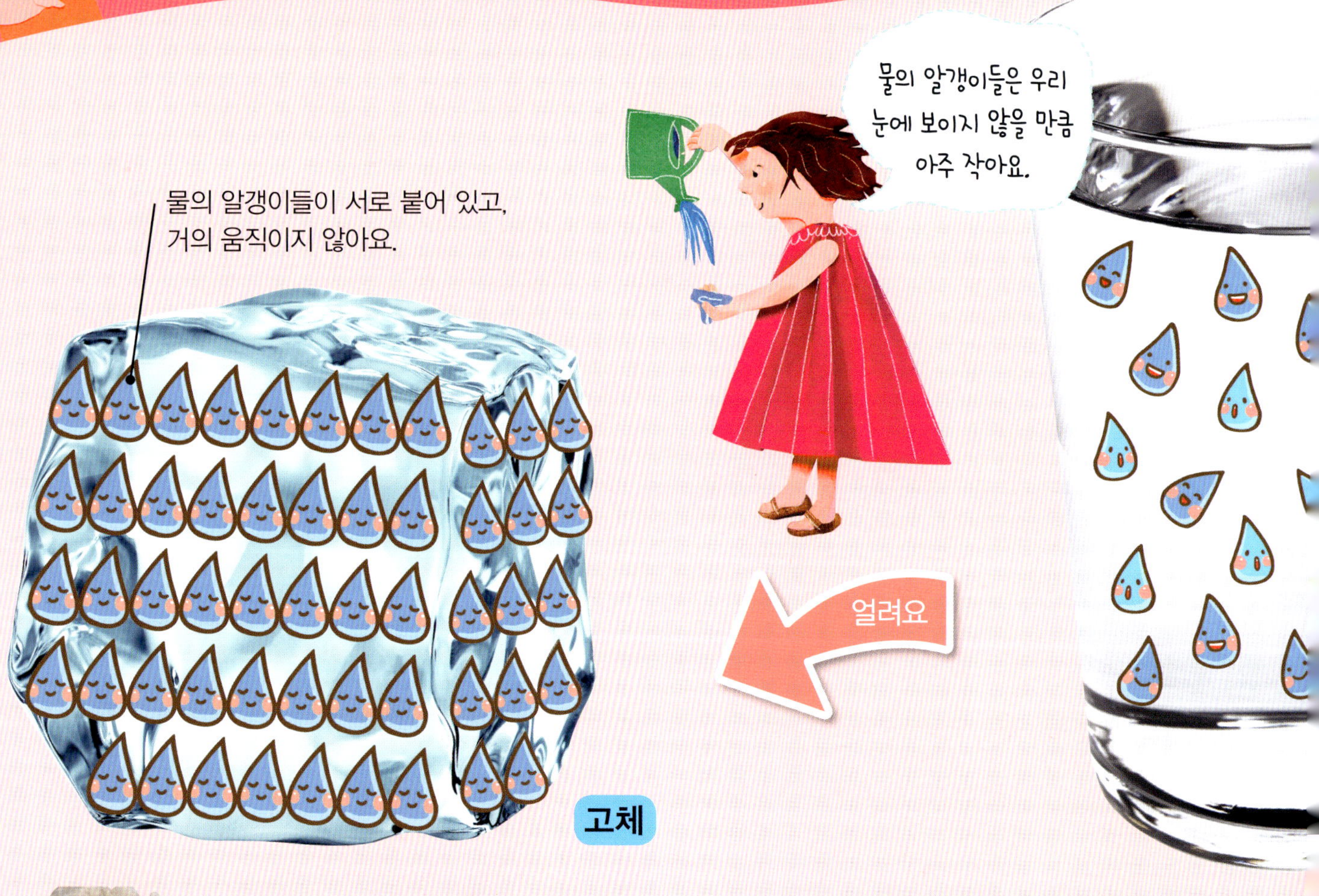

물의 알갱이들은 우리 눈에 보이지 않을 만큼 아주 작아요.
물의 알갱이들이 서로 붙어 있고, 거의 움직이지 않아요.
얼려요
고체

단단한 얼음

얼음은 **고체**예요. 고체는 단단한 물질이라는 뜻이지요. 고체는 손으로 잡을 수 있고, 일정한 모양을 가지고 있어요.

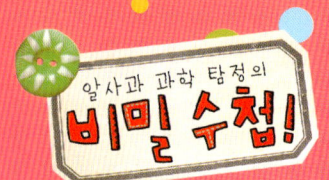

물을 끓이면 기체인
수증기가 생기고,
수증기가 찬 공기와
만나면 일부는
김이 되어 날아가.
열을 가하면, 물의 알갱이들의
활동이 활발해져 날아가 버려요.
물의 알갱이들이
자유롭게 움직여요.
열을 가해요
액체
기체

흐르는 물

물은 **액체**예요. 액체는 흐르는 물질이라는 뜻이지요. 액체는 담는 그릇에 따라 모양이 달라져요. 손으로 잡을 수도 없고, 모양도 없지요.

둥둥 떠다니는 수증기

수증기는 **기체**예요. 기체는 가벼운 물질이라는 뜻이지요. 기체는 그릇에 담을 수도 없고, 손으로 잡을 수도 없으며, 모양도 없어요.

물의 변화에 대한 요런조런 호기심!

물을 끓이면 왜 보글보글 소리가 나요?

그릇에 물을 담아 끓이면, 불과 가까운 바닥 쪽부터 끓기 시작해. 즉 밑에서부터 끓어오르면서 기체인 수증기로 변하는 거야. 수증기는 가벼워서 물 밖으로 나가려고 위로 떠오르는데, 이것이 방울처럼 보여. 이 방울이 터지면서 보글보글 소리가 나는 거란다.

물이 끓을 때 수증기 방울이 터지면서 보글보글 소리가 나요.

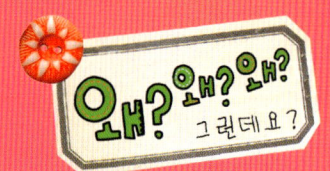

바닷물인 액체를 증발시키면 고체인 소금을 얻을 수 있어요.

바닷물이 어떻게 소금이 되나요?

바닷물을 논처럼 만든 곳에 가둬 둔 곳을 '염전'이라고 해. 이 염전에서 소금을 만들지. 바닷물을 햇빛에 오랫동안 놔두면, 바닷물이 기체인 수증기로 변해 모두 날아가 버리고 고체인 소금만 남게 돼. 바닷물이 막 끓지 않아도 기체로 변하는 이런 현상을 '증발'이라고 하지. 그러니까 바닷물을 햇빛에 증발시켜서 소금을 얻는 거란다.

물을 꽉 채운 물통을 얼리면 왜 부풀어 올라요?

물통에 꽉 채운 물은 꽁꽁 얼면 부피가 커지기 때문에 물통이 부풀어 올라요.

물이 가득 담긴 물통을 얼리면, 얼리지 않은 물통보다 더 뚱뚱해져. 이것은 물이 얼음으로 변할 때 부피가 더 커지기 때문이지. 그래서 물을 얼릴 때에는 물통에 가득 채우지 말고 빈 공간을 남겨 두는 것이 좋아. 또, 유리병에 물을 넣어 얼리는 것은 위험해. 물이 부풀어 올라 병이 깨질 수도 있거든.

가습기에 물을 넣으면 왜 하얀 연기가 나와요?

가습기는 실내에 *습도를 높이기 위해 사용하는 물건이야. 가습기 안에는 물을 끓이는 장치가 있어. 가습기에 물을 붓고 스위치를 누르면, 물은 곧 뜨거워져서 수증기로 변해. 수증기가 가습기 밖으로 뿜어져 나올 때 찬 공기와 만나 일부는 김이 되어 날아간단다. 그것이 꼭 하얀 연기를 내뿜는 것처럼 보인단다.

습도 공기 가운데 수증기가 들어 있는 정도를 말해요.

하얀 연기가 가습기 밖으로 뿜어져 나오는 것처럼 보이지만, 사실 김이에요.

고체, 액체, 기체, 모여라!

우리 주변에 있는 물건들은 고체나 액체, 기체 중의 하나예요.

벽돌은 고체예요. 담는 그릇이 달라져도 모양과 크기가 똑같아요.

밀가루는 고체예요. 알갱이가 눈에 잘 보이지 않지만, 알갱이 하나하나는 일정한 모양을 가지고 있어요.

우유는 액체예요. 액체는 담는 그릇에 따라 모양이 변하지만, 양은 변하지 않아요.

풍선 안에 들어 있는 **공기**는 기체예요. 기체를 풍선에 담을 때에는 풍선 안에 가득 채워져야 모양이 살아나요.

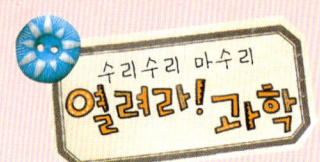

알사과 과학 놀이동산

컵에 맺힌 물방울은 뭘까요?

준비물 유리컵, 찬물, 얼음

유리컵을 깨끗이 닦아요.

컵에 찬물을 붓고, 얼음을 넣어요.

얼음을 잘 저어요.

시간이 지나면 유리컵 표면에 물방울이 송골송골 맺혀요.

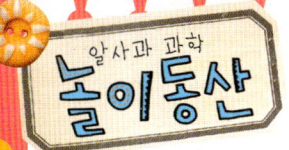

엄마, 아빠에게

유리컵 표면에 생긴 물방울은 공기 중의 수증기가 찬 유리컵의 표면에 달라붙어 생긴 것입니다. 겨울에 버스를 타면 안경에 김이 서린다거나, 따뜻한 물로 목욕을 하고 나면 목욕탕 거울에 물방울이 생긴다거나, 유리창에 이슬이 맺히는 것도 모두 같은 원리예요.